AF252713

L'ÉCOLE DE DROIT

DE PARIS,

Au 2 Juillet 1819.

PRÉCIS DE DROIT

Paris

[illegible] 1910

L'ÉCOLE DE DROIT

DE PARIS,

AU 2 JUILLET 1819.

PAR PLUSIEURS ÉLÈVES DE CETTE ÉCOLE.

....

A PARIS,

CHEZ CORRÉARD, LIBRAIRE, PALAIS-ROYAL,

GALERIE DE BOIS.

Juillet 1819.

L'ÉCOLE DE DROIT

DE PARIS,

Au 2 Juillet 1819.

Trois des plus brillantes facultés de France ont été le théâtre de dissensions dont l'opinion publique a fait peser plus ou moins le blâme sur les élèves.

A Rennes, plusieurs ont été privés de leur état, et ont ainsi perdu totalement le fruit de leurs veilles et de leurs travaux.

A Montpellier, mille à douze cents élèves ont interrompu leurs études; et il est probable qu'un grand nombre d'entre eux, ne pouvant pas, à l'exemple de leurs camarades, venir les continuer à Paris, seront obligés d'abandonner la carrière à laquelle ils se destinaient.

Comment se termineront les débats qui ont affligé, ces jours derniers, l'École de droit de Paris? C'est ce que nous ne pouvons encore préjuger; mais nous croyons qu'il n'est pas sans utilité, et pour les élèves et pour leurs juges, même pour la France entière, de faire connaître avec impartialité ce qui s'est passé, afin de rétablir la vérité des faits altérés dans la plupart des journaux, et d'appeler l'attention publique sur l'emploi des mesures, sinon arbitraires, du moins intempestives, qui ont été prises dans ces circonstances.

M. Bavoux, suppléant de M. Pigeau, avait terminé l'explication du Code de procédure. Avant de passer au Code d'instruction criminelle et au Code pénal, qu'il devait également expliquer, il voulut signaler les nombreux abus de cette législation à ses jeunes auditeurs.

Dans ses deux premières séances, le plus grand calme ne fut interrompu que par d'unanimes applaudissemens.

A la fin de la troisième, quelques sifflets éveillèrent l'indignation générale ; et, malgré tous les efforts du professeur, qui parvint cependant à faire faire silence, il y eut un peu de tumulte, et on se sépara en désordre.

Le 29, toute la salle était pleine ; et le petit nombre de ceux qui étaient d'une opinion différente, s'était retiré dans un des coins de la salle.

L'arrivée de M. Bavoux fut annoncée par de nombreux applaudissemens et quelques sifflets. Il parla pendant trois quarts-d'heures ; mais à

peine commençait-il la récapitulation de sa leçon, que plusieurs sifflets se firent entendre,
malgré la vive opposition des quatre cinquièmes
de son auditoire. On cria : « A bas, à la porte les
» siffleurs! » Au milieu de la confusion, un élève
s'écrie : « Messieurs, ne souffrons pas qu'on in-
» sulte notre professeur! » Trois jeunes gens,
placés devant la chaire, et qui s'étaient montrés
les plus acharnés antagonistes de la majorité de
l'assemblée, répondirent à ce cri par celui de
« A bas l'orateur ! » On les poussa hors la salle;
l'assemblée devint tumultueuse, et plusieurs voies
de fait se commirent de part et d'autre. Un des
siffleurs était abattu sous les bancs : un jeune
homme arrive; et, ne sachant pourquoi on se por-
tait à ces extrémités, il veut défendre l'oppri-
mé; mais il reçut un soufflet d'un jeune exalté
qui aurait dû louer l'action généreuse de la vic-
time de sa brutalité.

Cependant le trouble allait croissant. L'huissier
de la salle sort, et rentre, peu après, accompagné
de M. Delvincourt, doyen de la faculté, en re-
dingote et sans chapeau. Il paraissait extrême-
ment agité. Il s'avance, se place à côté du professeur, cherche en vain à faire faire silence, de la
voie et du geste, et dit : « Messieurs, j'ai écrit à
» la commission de l'instruction publique, pour
» l'instruire de la manière dont on faisait ce
» cours. Mais, puisque le désordre est porté à son

» comble, en ma qualité de doyen, chargé de la
» police de l'école, je le suspends jusqu'à ce
» que la commission m'ait fait connaître sa
» volonté. »

Les applaudissemens du petit nombre des élèves qui sifflaient peu auparavant, furent couverts par les signes non équivoques de la désapprobation du reste de l'assemblée. L'agitation était extrême. On s'aperçut qu'une discussion vive s'était élevée entre M. Delvincourt et M. Bavoux. Mais le bruit était trop grand pour qu'on entendît les reproches qu'ils semblaient s'adresser. Seulement on vit à leur geste que, de part et d'autre, ces reproches étaient virulens. Cependant, M. Bavoux éleva fortement la voix, et protesta contre cet acte arbitraire. Cette protestation augmenta encore le tumulte ; et le professeur, après quelques nouvelles altercations avec le doyen, se retira. Ce dernier resta pendant près de dix minutes exposé à toute l'agitation de l'assemblée, du sein de laquelle sortait par intervalle ce cri : *Le discours des gardes d'honneur* (1). Les élèves qui l'avaient applaudi, l'en-

---

(1) Il paraît qu'en 18.3, M. le doyen approuva la formation de la garde d'honneur, et en parla plusieurs fois avec éloge en public. Nous avons vainement parcouru le Moniteur, pour trouver des preuves de cette assertion ; mais elle nous a été garantie par un grand nombre d'élèves, et même de professeurs.

tourèrent, en l'assurant qu'ils le défendraient contre tous, s'il était attaqué. Mais il se retira, en leur disant : « Messieurs, je n'ai pas peur. » Toutefois, je vous remercie. »

Immédiatement après, et lorsque les élèves n'étaient point encore tous dispersés, l'assemblée des professeurs fut convoquée. MM. Pardessus, Boulage, Cotelle et Moreau s'y trouvèrent seuls. Les deux premiers approuvèrent, mais les deux derniers blâmèrent ouvertement la conduite du doyen.

Le lendemain, il se rendit à l'heure ordinaire dans la salle des cours : quelques sifflets l'accueillirent ; mais les cris de la majorité firent taire les censeurs. Il s'assit, fit l'appel, et allait commencer ses explications accoutumées, lorsqu'un ou deux sifflets se firent encore entendre. Alors, prenant la parole avec assurance et fermeté : « Messieurs, vous pouvez m'empê- » cher de faire mon cours, mais jamais de faire » mon devoir. D'ailleurs, je rends justice à l'É- » cole de droit. Je sais que le bruit qui a eu lieu » vient plutôt des étrangers que des étudians. » Toute l'assemblée, si l'on en excepte quelques récalcitrans, l'applaudit unanimement. En effet, les élèves avaient remarqué la veille quelques étrangers parmi eux, et en avaient hautement témoigné leur mécontentement.

La leçon commença. Un grand nombre d'é-
lèves sortit de la salle. On s'assembla à la porte
de l'école : on lut les gazettes, et l'on témoigna
son indignation contre les calomnies dont la
plupart des journalistes, toujours pressés de
parler sans savoir ce qu'ils disent, avaient rem-
pli leurs feuilles. A neuf heures arriva M. Bavoux. On l'entoura avec empressement, et on
le conduisit jusqu'à la salle des examens, avec
applaudissemens. Il salua les élèves, en leur disant : « A demain deux heures et demie, mes
« amis »; et il entra dans la salle.

Le 1er. juillet, dès onze heures du matin,
des hommes, inconnus jusqu'alors à l'École de
droit, rôdaient aux environs. Un arrêté de la
commission de l'instruction publique était affi-
ché aux portes; il était ainsi conçu :

Séance du 1er. juillet 1819.

« La commission, instruite du désordre qui a
eu lieu au cours de procédure le 29 juin dernier,
et qui n'a pu cesser que par la suspension pro-
visoire du cours par le doyen de la faculté,
arrête ce qui suit :

» Art. 1er. La conduite du doyen est approu-
vée.

» 2. Le sieur Bavoux, suppléant de la faculté

de droit, chargé du cours de procédures civile et criminelle, est suspendu de ses fonctions.

» 3. La faculté recherchera et constatera les causes et les circonstances du désordre. Elle en rendra compte à la commission.

» Pour copie conforme,

» Le secrétaire général,

» Petitot. »

A midi les élèves commencèrent à se réunir, et les placards de la commission furent lacérés. On chassa même de l'enceinte de l'école des gens qu'on crut appartenir à la police.

Les élèves arrivaient de tous côtés, et la cour était remplie. On demandait à grands cris M. Bavoux et M. Delvincourt, et la foule se répandait tumultueusement dans les corridors, où il se donna quelques coups de canne.

Plusieurs commissaires de police se mêlèrent aux élèves, et cherchèrent à calmer leur agitation. On leur représenta qu'ils n'étaient point chargés de la police intérieure de l'école, et qu'ils n'y avaient aucun droit. Les commissaires voulurent soutenir leur cause : la mutinerie s'en mêla; on les injuria, on les chassa, on employa même contre eux de mauvais traitemens, toujours condamnables quand ils sont dirigés conire des hommes qui cherchent à rétablir le bon ordre, et à plus forte raison contre des magistrats de paix. Un seul d'entre eux fut respecté : c'était le commissaire du quartier, dont la modération digne de louanges faisait voir qu'il était à sa place.

Quatre soldats du poste de Montaigu, amenés par les commissaires expulsés, vinrent s'emparer d'un élève. Tous ses compagnons le réclamèrent à grands cris, et se précipitèrent au devant des soldats qui chargèrent leurs armes et croisèrent la baïonnette. Quelques pierres jetées par les élèves blessèrent un soldat, et ces actes de violence réciproque allaient peut-être entraîner les plus grands malheurs, lorsque ce même commissaire de police du quartier, se jetant entre les deux partis, fit rendre le prisonnier et calma un peu l'agitation.

Tandis que ces choses se passaient dans l'enceinte de l'école, quelques élèves s'étaient groupés à la porte de M. Delvincourt pour l'engager à venir interposer son autorité, afin que la force armée ne retînt pas plus long-temps leur condisciple. Mais M. Boulage s'opposa constamment à ce qu'on entrât chez lui, et déclara qu'on passerait sur son corps avant d'arriver au doyen.

On proposa d'adresser à la chambre des députés une pétition tendante à redemander le professeur suspendu par la commission. La proposition fut accueillie avec enthousiasme, et mise de suite à exécution chez un libraire voisin de l'école.

Elle fut bientôt prète, et la multitude entoura le pétitionnaire qui la lisait au milieu des applaudissemens, lorsqu'on annonça que la gendarmerie arrivait et cernait de toutes parts l'École de droit.

Cet acte de violence était trop attentatoire à la liberté pour qu'il n'exaspérât pas les élèves.

Ceux qui jusque-là avaient pris le moins de part à cette querelle, manifestèrent leur indignation. Ceux qui étaient dehors rentrèrent en foule dans la cour, et l'on ferma les portes de l'école, bien résolu à s'exposer à tout, plutôt que de souffrir qu'on violât cet asile. Quelques élèves n'arrivant pas assez tôt restèrent en dehors, et furent saisis par la gendarmerie, malgré leurs justes réclamations.

Dans la salle du cours, on agitait la question de savoir si la pétition serait adressée à la chambre des députés ou à la commission, et beaucoup d'orateurs demandèrent la parole; tout à coup on entendit parler de drapeau blanc. Un jeune homme proposait de le détacher pour le porter à la tête des élèves. Mais, au milieu du tumulte général, on n'entendit point sa proposition, et on l'interpréta tout différemment. Alors, la confusion se met dans la salle : on entoure le drapeau, on proteste contre tout acte tendant à donner des couleurs séditieuses à la conduite des élèves. On se précipite à la tribune : on parle tous à la fois, et le plus grand désordre règne dans l'assemblée.

Au milieu de cette agitation, un jeune garde du corps, en habit bourgeois, se fait jour jusqu'au pied du drapeau, et déclare qu'il le protégera jusqu'à la mort. Mais on lui fit remarquer qu'il injuriait les sentimens de l'École de droit; que les étudians sauraient défendre leur drapeau, et qu'ils n'avaient besoin que personne se chargeât de ce soin. Ces paroles contentèrent tout le monde.

Peu à peu le calme se rétablit, et l'on signait avec empressement la pétition. Quelques jeunes gens, s'apercevant que la gendarmerie était rangée sur deux lignes, à quinze pas de l'école, crurent qu'elle n'employerait point la violence, et ouvrirent les portes. Le colonel se présenta même dans la salle, avec deux commissaires de police, promit qu'on ne toucherait point aux élèves, et les engagea à se retirer; mais on lui représenta qu'on n'était point en insurrection, qu'on ne voulait que signer une pétition, et que cette affaire-là ne regardait point la gendarmerie.

Sur ces entrefaites, arrivent MM. Jacquinot de Pampelune, procureur du roi, et Anglès, préfet de police; à leur suite entre, dans la cour, le piquet de cavalerie, le sabre à la main. Tous les élèves, indignés, se refugient dans la salle, et ferment les portes et les croisées avec un tel fracas que les vîtres sautèrent de toutes parts.

M. Jacquinot de Pampelune se présente à la porte, au nom de la loi et du roi. On ouvre, et il entre suivi de M. Anglès, qu'on pousse avec lui à la chaire du professeur. Là, après avoir obtenu, avec beaucoup de peine, un peu de silence, il invite les jeunes gens à se retirer. « Rendez-nous » notre professeur! » s'écrie-t-on de toutes parts. « On vous rendra justice, répond le magistrat, mais « c'est à la commission et non à moi à prononcer. » « Un de nos camarades a été arrêté! » s'écrie quelqu'un. M. le procureur du roi assure qu'il n'y a personne d'arrêté pour le moment. Ces derniers mots excitent le tumulte, et le magistrat répond qu'avant d'avoir examiné, il ne peut savoir si ce qui s'est passé est innocent ou coupable; il ajoute que, si on a arrêté un étudiant, il sera interrogé de suite. On applaudit à cette garantie de la célérité de la justice, et on demande de toutes parts que la force armée se retire. M. le procureur du roi annonce qu'il est l'organe de la loi, et que c'est aux jeunes gens destinés un jour à l'appliquer, à donner les premiers l'exemple de l'obéissance que tous les citoyens doivent à l'autorité. Il ajouta que les jeunes gens n'avaient rien à craindre de la gendarmerie, et il offrit de se mettre à leur tête avec M. le préfet de police, et de les accompagner au-delà des rues occupées. M. le préfet de police veut ajouter quelques mots; mais les applaudissemens l'empêchent de parler, et la foule passa les piquets de gendarmerie disposés sur deux rangs dans l'intérieure de la cour et devant l'école, ayant à sa tête ces deux magistrats, et s'écoula bientôt après en silence. Pendant les cinq heures que dura cette scène, M. Pardessus fit tous ses efforts pour rétablir le bon ordre; il fut constamment au milieu des élèves au plus fort de l'agitation, et mit tout en œuvre pour calmer les esprits agités.

La police n'avait pas resté dans l'inaction : elle avait remarqué quelques jeunes gens; ils furent arrêtés dans des rues détournées, et conduits en prison. Cette nouvelle s'était répandue et avait sonné l'alarme parmi les élèves. Le soir, un grand nombre se réunit aux portes de la prison de Montaigu, pour réclamer la mise en liberté de leurs camarades. On ne répondit à leur plainte qu'en renforçant le poste, et les prisonniers furent interrogés une partie de la nuit.

L'École de droit était changée en un bivouac, et gardée comme une place forte. Le lendemain un nouvel arrêté de la commission fut placardé, et l'on plaça des gendarmes auprès pour s'assurer du respect des élèves. Il était ainsi conçu :

Séance du 1er. juillet.

« La commission de l'instruction publique, sur le compte qui lui a été rendu du tumulte, des voies de fait, et des actes de violence qui ont troublé aujourd'hui l'École de droit, et rendu l'intervention des magistrats nécessaire, arrête ce qui suit :

» 1°. L'École de droit de Paris est provisoirement fermée ;

» 2°. Il ne sera point accordé d'inscription pour le trimestre de juillet ; celles qui auraient été reçues aujourd'hui sont annulées ;

» 3°. Les examens et actes publics sont suspendus jusqu'à ce qu'il en ait été autrement ordonné.

» Pour copie conforme,

» Pour le secrétaire général,

» GUÉNEAU DE MUSSY. »

Les élèves arrivèrent insensiblement, et prirent connaissance de ce nouvel arrêté. Quelques groupes se formèrent ; les gendarmes les heurtèrent brutalement, et les dispersèrent. On se rendit au Luxembourg. On prit les journaux, et on les lut publiquement : la plupart excitèrent encore l'indignation de cette jeunesse déjà trop exaspérée par les mesures violentes qu'on prenait à son égard. Le *Drapeau Blanc* de Martainville, surtout, les irrita davantage : on proposa de l'attaquer en calomnie. En effet, il n'est pas possible de calomnier des jeunes gens avec plus d'impudence.

L'autorité paraissait s'alarmer de tout. On connut ces rassemblemens ; et, comme s'ils eussent été dangereux, on fit sortir les élèves du Luxembourg ; mais ils se donnèrent rendez-vous sur la place de l'Observatoire. Quelques heures après, plus de six cents jeunes gens y étaient rassemblés, quoiqu'elle fût déjà occupée par un piquet de gendarmerie.

On propose deux pétitions : l'une pour obtenir la mise en liberté des prisonniers, l'autre pour demander que M. Bavoux soit rendu à ses élèves, et les cours de la faculté ouverts à tous les étudians. La gendarmerie voulut dissiper les rassemblemens : on exposa au colonel que, d'après le Code pénal, on pouvait se réunir en groupes de vingt personnes, et on le fit aussitôt ; mais les gendarmes ne voulurent pas moins les disperser. On allait sortir des barrières pour se soustraire à leur puissance; mais le colonel fit cesser les poursuites, et promit qu'on n'inquiéterait plus les élèves.

On signait la pétition lorsqu'on vit arriver MM. Boulage et Blondeau, professeurs de la faculté. Ils essayèrent de calmer les esprits, et parlèrent de tout ce qui était arrivé avec sagesse et modération; ils promirent même que les cours seraient ouverts sous peu, et les inscriptions rendues à ceux qui les avaient prises la veille, et permises à ceux qui désiraient les prendre. Dès le matin, M. Delvincourt avait donné la même assurance à quelques jeunes gens, qui, malgré les mauvais traitemens de la gendarmerie, étaient parvenus à pénétrer dans l'intérieur de l'école.

Ces paroles de paix firent ce que les gendarmes ne font jamais : on continua de signer la pétition, parce qu'il s'agissait d'obtenir la liberté de quelques camarades qui souffraient pour tous, sans être plus coupables que les autres; mais les attroupemens n'eurent plus les caractères inquiétans qu'on leur supposait, et le reste de la journée ne fut plus troublé par de fausses alarmes.

Maintenant, que nous avons rendu compte de

ce qui s'est passé à l'École de droit, avec autant d'impartialité que si nous eussions été totalement étrangers au corps des étudians, nous soumettons avec confiance au jugement de l'opinion publique les réflexions qu'ont fait naître naturellement en nous ces faits dont nous avons été en grande partie les témoins.

Tous les élèves que nous avons interrogés, s'accordent à dire que les deux séances les plus orageuses sont celles où le professeur fut le plus sage aux yeux de tous les partis. Comment se fait-il donc que ce furent celles où il y eut plus de désordre? Pourquoi des jeunes gens, qui n'avaient pas entendu ce qu'ils blâmaient, sifflaient-ils avec tant d'acharnement ce qui n'était pas blâmable? Pourquoi, dans les premières séances où des sifflets auraient pu se faire entendre, ne se trouva-t-il que quelques improbateurs paisibles? et dans les dernières, où les oreilles les moins accoutumées au langage de la liberté pouvaient à peine blâmer quelques expressions, se trouva-t-il des chefs de parti, des factieux? Si ceux-là qui accusent le professeur d'exagération et d'imprudence, avaient été prudens et modérés, auraient-ils, contre toutes les convenances, interrompu ou fait interrompre les applaudissemens de la grande majorité par des sifflets si opiniâtres et si hors de saison? D'autres diront qui sont les plus coupables. Il ne nous appartient pas d'être tout à la fois juges et parties.

Des voix courageuses se sont élevées déjà plusieurs fois, même au sein de la chambre des députés, contre notre Code pénal, ce Code créé au sein du despotisme, et si parfaitement en harmonie avec lui. L'idée de signaler dans un cours public les abus de notre législation criminelle, n'était encore venue à aucun professeur : elle était digne d'un homme appelé à expliquer à des élèves ces mêmes lois, qu'ils seront sans doute un jour choisis pour rectifier. Cette tâche était courageusement remplie. Toutefois, nous avouerons qu'on peut faire quelques reproches au professeur d'avoir laissé échapper, au milieu de son enthousiasme contre l'abus du pouvoir, quelques expressions violentes dont il devait prévoir que l'esprit de parti profiterait pour semer le trouble et la confusion dans son auditoire. Voilà son tort. Il eut tort de prêter un aliment aux opinions naturellement exaltées d'une jeunesse nombreuse ; il eut tort, surtout, lorsqu'il vit le désordre qu'entraînait ses leçons, de ne pas menacer les élèves de les suspendre, et même de les interrompre tout-à-fait, s'ils ne voulaient pas y assister avec plus de tranquillité. Mais ces reproches suffisent-ils pour justifier la conduite

du doyen de la faculté dans ces tristes circonstances? M. Delvincourt avait-il le droit de suspendre un cours public de son autorité privée?
Avait-il le droit de venir faire la police dans l'intérieur d'une classe, lorsque le professeur était
dans sa chaire? N'était-ce pas même contre
toutes les convenances, contre toutes les bien-
séances? S'il voulait user efficacement de son
autorité pour rétablir l'ordre, personne ne le
pouvait mieux que lui. Doué d'un caractère
qu'il a toujours su faire respecter de ses élèves,
il fallait qu'il présentât à l'assemblée ce front
calme qu'on n'oppose jamais en vain à des factieux; il fallait qu'il n'approuvât pas les mutins,
et qu'il ne se mît pas du côté du petit nombre;
il fallait qu'il siégeât à côté du professeur,
et qu'il appelât le premier l'attention générale
sur ce qu'il allait dire. Par ce moyen, il n'eût
pas eu besoin d'avoir recours à la commission
de l'instruction publique, et l'ascendant qu'aurait donné à son caractère une telle conduite,
lui eût fourni l'occasion de faire à M. Bavoux
dès représentations, dont il aurait sans doute
profité.

Nous aimons à croire que cette idée ne lui vint
pas, et qu'il ne se détermina à ce coup d'autorité que parce qu'on lui dit, ou qu'il crut en
effet que tout était perdu. Mais combien d'abus

n'a-t-il pas entraîné, ce coup d'autorité ? et de combien de désordres n'a-t-il pas été cause ?

Le moindre reproche qu'on puisse faire à la commission de l'instruction publique, est d'avoir jugé les choses trop précipitamment. Ses arrêtés ont tout gâté. Le premier mit naturellement les élèves en état de révolte contre elle. Il est toujours impolitique d'abattre un parti pour en faire triompher un autre, surtout quand le parti qu'on soutient mérite le moins d'être soutenu. Il eût été beaucoup plus sage à la commission, sans s'interposer dans une querelle dont la cabale et l'amour-propre se mêlaient si évidemment, d'enjoindre au professeur de commencer l'explication pure et simple du Code d'instruction criminelle. Mais les coups d'autorité plaisent, et malheureusement les hommes s'y laissent toujours trop facilement entraîner.

Son second arrêté nous paraît encore plus hors de saison, quoiqu'il fût une suite naturelle du premier. On ne voulut pas avoir l'air de reculer devant des élèves, et l'on fut injuste envers eux. Près de quinze cents sont étrangers au cours de M. Bavoux. Pourquoi les punir des troubles qui ne se sont point passés parmi eux? Pourquoi fermer des classes où les leçons se sont toujours faites tranquillement, parce qu'une autre classe a été rebelle à l'autorité ? Pourquoi interdire à des élèves la continuation de leurs études accoutumées, parce que la tranquillité de l'école se trouve momentanément troublée? Il nous semble voir un pédant de collége qui punit toute sa classe, parce que quelques mutins refusent de lui obéir. Mais cette conduite de la commission serait plus blâmable encore si, comme plusieurs personnes le pensent, elle n'avait pas le droit de suspendre un professeur à vie, nommé dans un concours à la chaire d'une faculté.

Nous avons été témoins de la scène du 1er. juillet, et nous osons assurer que le plus grand désordre a été causé par la présence des agens de la police et de la force armée. Que faisaient les premiers sur la place du Panthéon, dès onze heures du matin? Pourquoi vit-on des mouchards animer les élèves par des éloges ou des discours tout aussi dangereux? Un journal a dit que ces agens avaient été mis à la disposition du doyen pour rétablir l'ordre, s'il était troublé. Il eût été beaucoup plus simple de prévenir le tumulte lorsqu'on le pouvait si facilement et avec si peu de sacrifices. Mais la présence de la force armée fit encore plus de mal, car on chassa les premiers, et l'on ne put offrir à ceux-ci qu'une résistance aussi vaine que les armes étaient inégales.

La force armée porte avec elle un caractère

de violence et de tyrannie qui n'est jamais propre à calmer les passions. Depuis long-temps on se plaint que dans les villes les gendarmes et les garnisons sont des satellites tout prêts pour le despotisme. Des soldats, disposés à se porter à tous les excès, et accoutumés à une obéissance aussi prompte qu'aveugle, veulent remettre l'ordre comme on le met dans un camp, et leur intempestive sévérité augmente toujours le tumulte au lieu de l'apaiser. Ainsi, on ne s'occupait point, ou peu, de ce qui se passait à l'École de droit; mais quand on vit la gendarmerie arriver de toute part, cerner l'École de droit, fermer les rues environnantes, et disposer des vedettes jusque dans la Cité, l'alarme devint générale, et tout le quartier fut en rumeur.

Nous ne traitons point ici la question de savoir si le droit de pétition est un droit restreint à chaque citoyen en particulier, ou si un corps peut ou non faire en masse ce que chacun des membres de ce corps peut faire seul. Mais nous dirons hardiment que les élèves ne demandant qu'à signer une pétition, il était ridicule d'employer la violence pour les en empêcher. La pétition une fois signée, tout le monde se serait retiré content : et à quatre heures, toute cette multitude agitée aurait dîné tranquillement, et la chambre des députés aurait décidé de leur réclamation, ou bien aurait renvoyé la pétition à la commission de l'instruction publique. Mais l'autorité se mêla maladroitement de cette querelle, et ne fit que des fautes.

Pouvait-on croire que des jeunes gens se verraient patiemment environner de troupes menaçantes, la baïonnette croisée et le sabre levé? Pouvait-on croire qu'ils verraient leurs condisciples enlevés de vive force, ou poursuivis au galop par des gendarmes, sans s'exposer de tout leur pouvoir à ces violences?

Puisqu'on voulait absolument interposer l'autorité dans des troubles qui auraient fini et plus vîte et moins tumultueusement sans elle, il fallait qu'on se servît de la garde nationale. Cette garde n'a point les inconvéniens des troupes organisées, naturellement indifférentes à tout dans une ville qui n'est pas la leur, où souvent elles ne font que passer. La garde nationale sait être sévère quand il le faut, mais est toujours juste dans sa sévérité : elle sait respecter la liberté des citoyens, parce qu'elle est elle-même composée de citoyens, et que c'est sa propre liberté qu'elle respecte. Sans doute elle ne se serait point portée à des excès qui, quoiqu'on en dise, sont causes de tout ce qui se fit de blâmable à l'École de droit le 1er. juillet. Plusieurs individus n'auraient point été renversés et foulés aux pieds ; un étudiant n'aurait point eu son habit percé par un gendarme, et l'on n'aurait point| fait croire qu'on cherchait des prétextes pour donner un air d'importance et d'hostilités à un rassemblement qui n'était en soi rien moins qu'hostile.

Que les journaux calomnient les élèves, qu'on les accuse de sédition, nous protestons hautement contre ces inculpations. Le concours unanime avec lequel on s'est rallié autour du drapeau blanc, lorsqu'un malentendu a donné lieu à une alarme, sera toujours une réponse victorieuse contre quiconque osera donner aux réclamations des élèves des couleurs séditieuses.

Malgré tout ce que nous avons pu faire, la liberté de la presse ne permettant pas le dépôt passé midi, il nous a été impossible de livrer samedi cet opuscule au public.

Samedi soir, le bruit se répandait que la commission d'instruction publique paraissait tenir à ce que les cours restassent fermés, et qu'on n'accordât pas l'inscription de juillet ; mais on ajoutait qu'elle consentirait que les élèves passassent leurs examens comme s'ils l'avaient prise.

La commission sacrifierait-elle les lois organiques et réglémentaires de l'école à son amour-propre ? Avouons franchement nos torts réciproques : il n'y a point de honte à avouer qu'on s'est trompé, mais il y en a toujours à transiger avec la justice et la bonne foi.

Plusieurs élèves ont été arrêtés. Une souscription a été ouverte pour faire leur cautionnement. M°. Dupin, auquel on avait envoyé une députation pour lui demander si on pouvait poursuivre les journalistes calomniateurs, a répondu qu'il ne le croyait pas.

Sur un réquisitoire de M. Bellart, le tribunal de première instance l'ayant rejeté, la cour royale a mis M. Bavoux en état d'accusation, et a nommé des commissaires pour aller appliquer les scellés sur ses papiers.

IMPRIMERIE DE FAIN, PLACE DE L'ODÉON.